Schülerhilfe®
Das Original. Seit 1974.

FERIEN-LERN-SPASS

Mach dich fit für die 1. KLASSE

Das Wichtigste der **Vorschule**

Deutsch · Mathe

W0182820

Bildnachweis:

stock.adobe.com: © Alexander Limbach, © artinspiring, © ayelet_keshet, © chitnucha, © contrastwerkstatt, © cosmic_pony, © DandelionFly, © grgroup, © Happy Art, © K.-U. Häßler, © Katsiaryna, © Lorelyn Medina, © marinavorona, © merklicht.de, © mything, © nazar12, © pteshka, © puckillustrations, © Rica Nohara, © Savva-panf Photo, © Stockgiu, © sudowoodo, © Sushi, © tigatelu, © topvectors, © Totos-tarkk9456, © svaga, © ufotopixl10, © Wiktoria Matynia, © Winarto, © yanadjan, © yuravector

Umschlagmotive:

stock.adobe.com: © artinspiring, © irina_levitskaya, © ksenyasavva, © leitis, © Limolida Studio, © lubashka, © reginast777, © tandav

© Naumann & Göbel Verlagsgesellschaft mbH
Emil-Hoffmann-Straße 1, D-50996 Köln
Autorin Lern-Spaß-Aufgaben: Karolin Küntzel
Redaktion: Ute Giesen
Gesamtherstellung: Naumann & Göbel Verlagsgesellschaft mbH, Köln

ENDLICH FERIEN!

Liebe Kinder,

nun dauert es nicht mehr lange, bis die Schule beginnt. Wie aufregend! Wenn du es kaum erwarten kannst, bis es so weit ist, kannst du dir die Zeit mit diesem Heft verkürzen. Viele tolle Aufgaben warten auf dich!

Liebe Eltern,

in diesem Heft gibt es eine Fülle von Rechen- und Schreibübungen, mit denen Ihr Kind Bekanntes vertiefen und Neues erlernen kann. Damit der Spaß nicht zu kurz kommt, sind zwischen die bunt durcheinander gewürfelten Aufgaben auch Spiele, Malanregungen, Basteleien und Witze gestreut. Lesen Sie Ihrem Kind die Anleitungen vor und unterstützen Sie es bei Bedarf. Selbständig arbeitende Kinder finden hinten im Heft die Lösungen für die eigene Lernkontrolle.

Und nun viel Spaß beim Rechnen, Schreiben und Spielen!

Schwungübung

Auf der Wiese wachsen viele Blumen.

Zeichne die Stängel hinzu und male die Blätter aus.

Das „J“

Das Lernmonster angelt.
Es beißen aber nur die Fische
mit J an. Male sie aus.

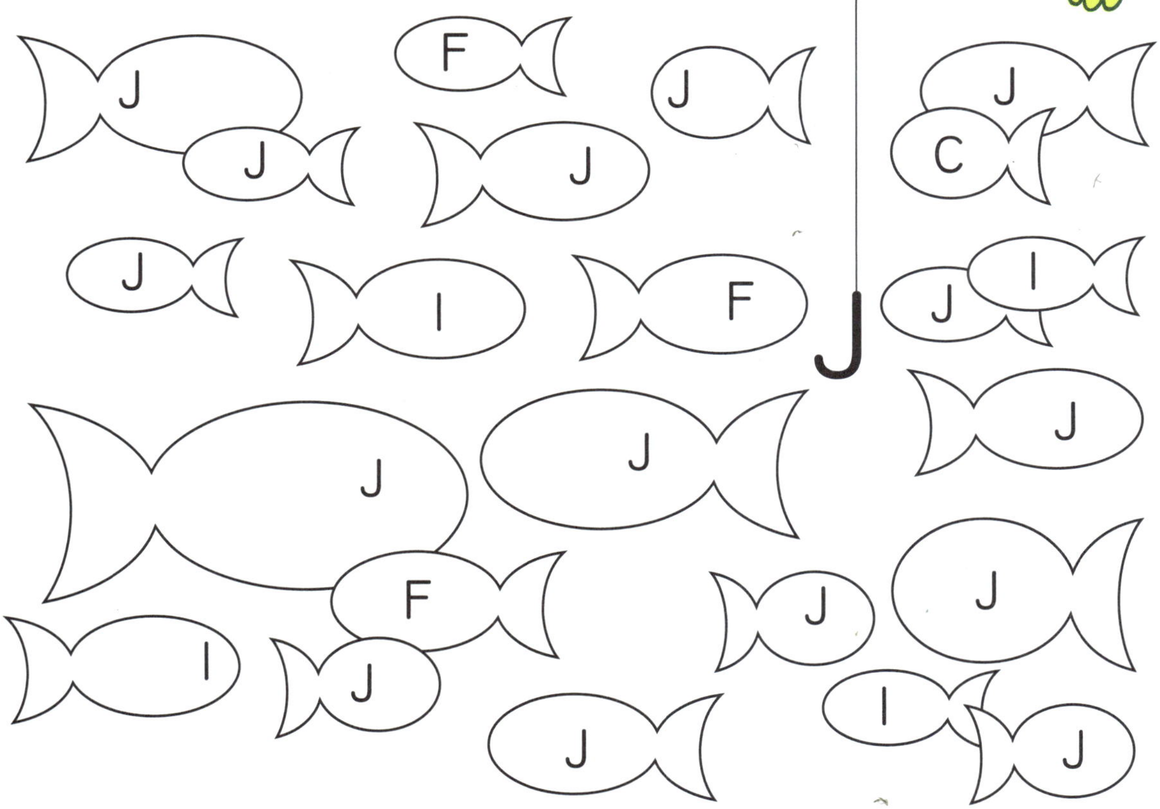

Übe hier den Buchstaben J.

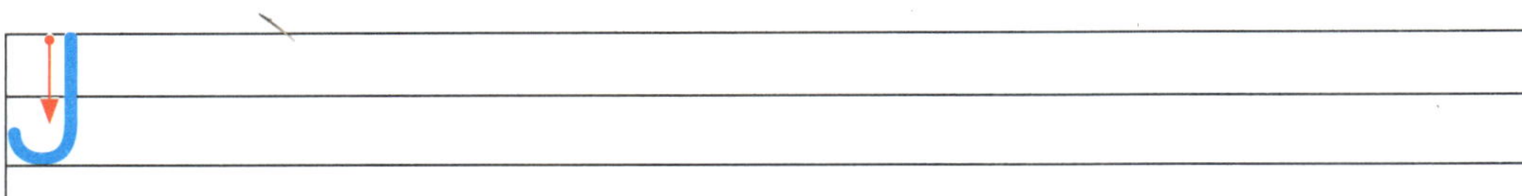

Die „3“

Ziehe die gepunkteten Linien nach und male die Blumen und den Schmetterling bunt aus.

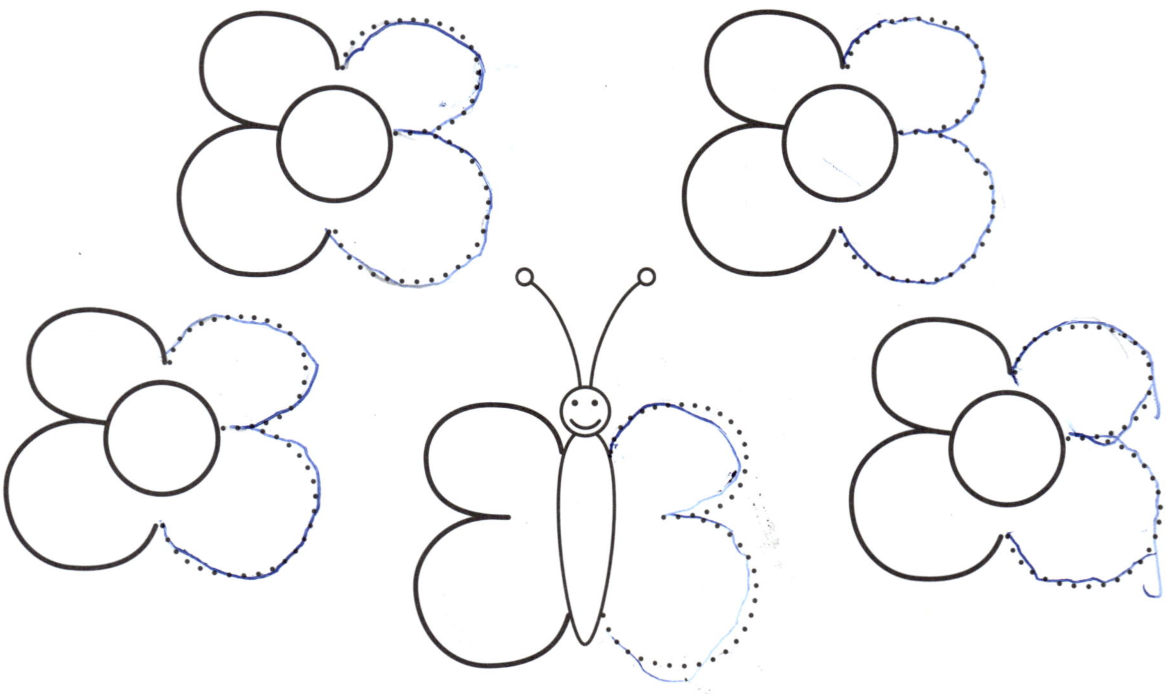

Übe hier die Zahl 3.

3							

Himmel und Hölle

Male mit einem Stück Kreide die Zahlen von 1 bis 10 auf den Bürgersteig. So sind die Zahlen angeordnet:

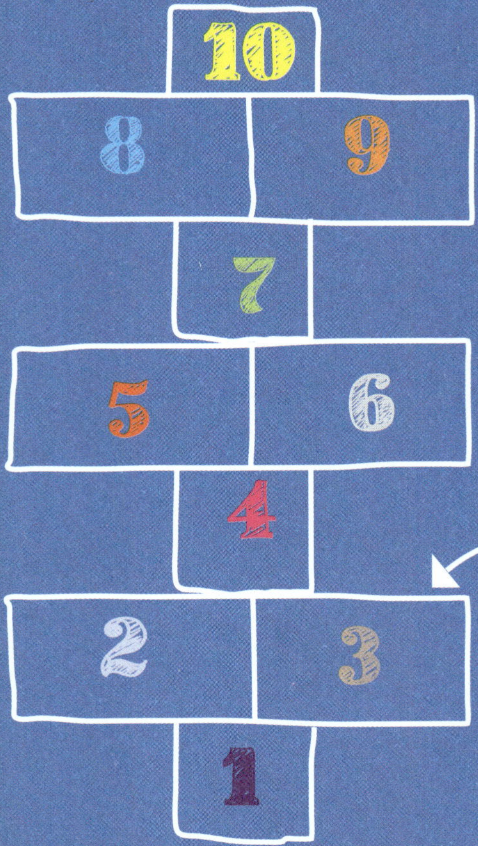

Umrande die Zahlen. Zum Spielen brauchst du dann nur noch einen Stein.

1. Wirf den Stein in das Kästchen mit der 1. Dieses Feld musst du nun auf einem Bein überspringen. In die nebeneinanderliegenden Zahlenfelder springst du immer mit beiden Beinen.
2. Bist du bei der 10 angekommen, hüpfst du die Zahlen rückwärts, sammelst den Stein auf, überspringt wieder die 1 und hüpfst aus dem Feld.
3. Nun wirfst du den Stein in das Feld mit der 2 und musst dieses überspringen, dann ist das Feld mit der 3 an der Reihe und so weiter...

Mathe

Die „2“

Mit der Zahl 2 kannst du schöne Herzen malen.
Zeichne die gestrichelten Linien nach
und male die Herzen farbig aus.

Von links nach rechts

Zeichne die Sprossen in die Leitern.

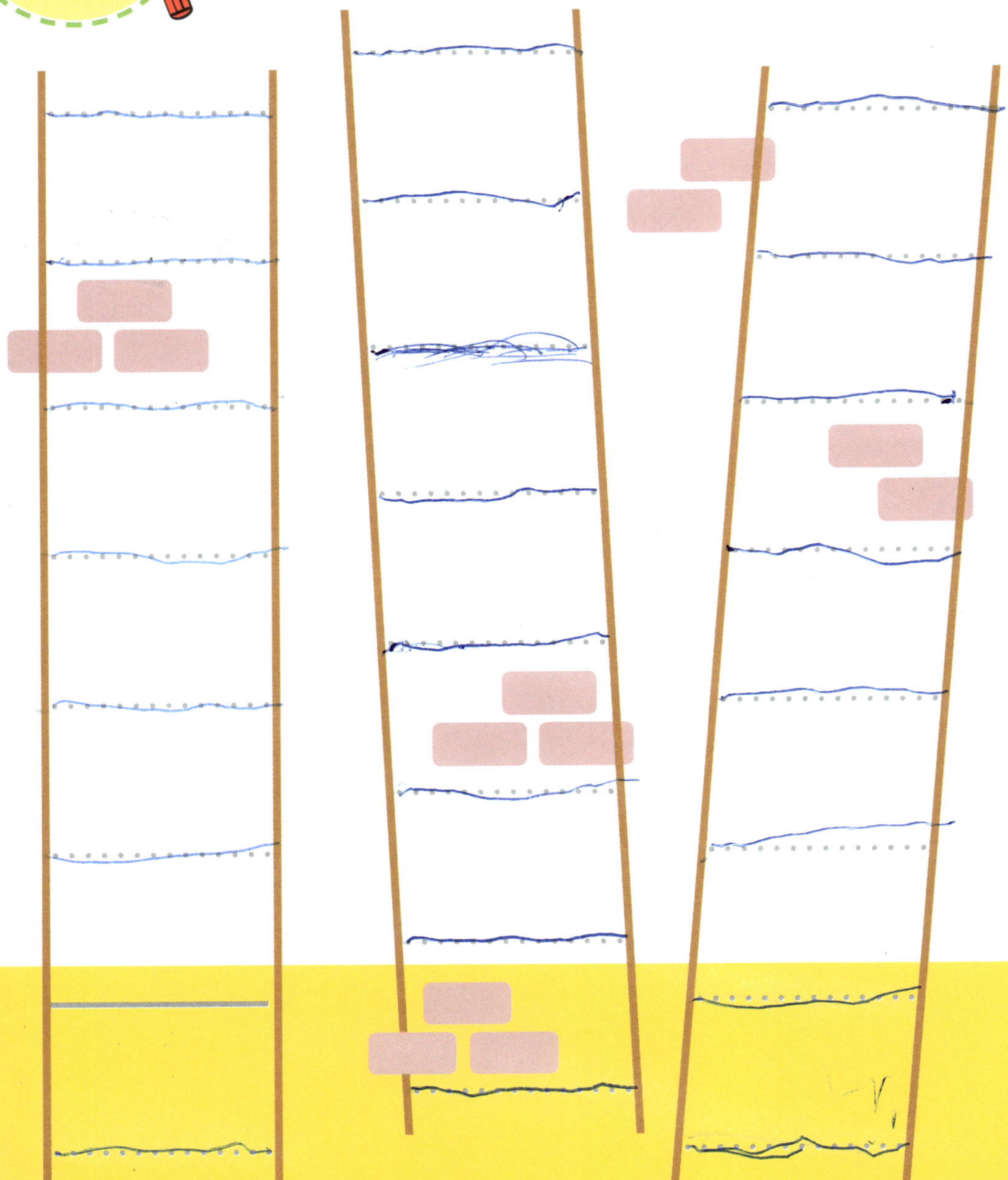

Erste Buchstaben üben

Ziehe die blauen gepunkteten Linien nach.

Buchstaben üben

Schreibe die Buchstaben auf die Zeilen.

T

L

E

Weg entlang der Ziffer

Die beiden Kinder haben sich aus den Augen verloren. Hilf ihnen, sich wiederzufinden. Zeichne den Weg entlang der Ziffer 1 nach. Beginne beim roten Pfeil.

Die „1“

Der geknickte Strohhalm sieht aus wie eine 1.
Ziehe die gepunkteten Linien nach und male die Limonade
in den Gläsern bunt an.

Scherzfragen und Witze

Was ist klein, rot und fährt ständig rauf und runter?

Eine Kirsche im Fahrstuhl.

Was ist grün und fliegt über die Wiese?

Die Birne Maja!

Wo wohnen Katzen?

Im Miezhaus!

Was sagt der große Stift zum kleinen Stift?

Wachs-mal-Stift!

Was liegt am Strand und ist schlecht zu verstehen?

Eine Nuschel!

Was macht der Clown im Büro?

Faxen!

Was ist grün, glücklich und hüpft über´s Gras?

Eine Freuschrecke!

Wie nennt man einen Keks, der unter einem Baum liegt?

Schattiges Plätzchen!

Ein Mann läuft mit einem Pinguin auf dem Arm durch die Stadt.
Fußgänger: „Wo haben Sie den denn her?“
Mann: „Ist mir so zugelaufen! Was meinen Sie soll ich mit ihm machen?“
Fußgänger: „Gehen Sie doch mit ihm in den Zoo!“
Nach ein paar Stunden treffen sich die drei wieder.
Fußgänger: „Aber ich sagte ihnen doch, gehen Sie mit ihm in den Zoo!“
Mann: „Waren wir ja, jetzt gehen wir ins Kino.“

Eine Katze und eine Maus kommen in eine Bäckerei.
Maus: „Ich möchte gerne ein Stück Pflaumenkuchen mit Sahne.“
„Und sie?“, fragt die Verkäuferin die Katze.
„Ich möchte nur einen Klacks Sahne auf die Maus.“

Polizist: „Sie wissen doch, dass ein Kind erst ab 12 auf dem Beifahrersitz mitfahren darf?“
Autofahrer: „Ach Herr Wachtmeister, nun seien sie nicht so! Wegen der paar Minuten!“

„Mein kleiner Bruder wird Mittwoch getauft.”
„Mittwoch? Blöder Name!“

Laufen zwei Zahnstocher den Berg hoch und werden plötzlich von einem Igel überholt. Sagt der eine zum andern: „Ach – hätt ich gewusst, das ein Bus fährt, wäre ich mit dem gefahren!“

Im Zoo fragt Felix seinen großen Bruder: „Was würde der Tiger jetzt sagen, wenn er sprechen könnte?” „Er würde sagen: Ich bin ein Leopard!“

„Wie heißt denn dein neuer Hund?“ – „Keine Ahnung, er will es nicht sagen."

Die „5“

In jeder Reihe sollen 5 gleiche Dinge zu sehen sein.
Male die fehlenden Dinge dazu.

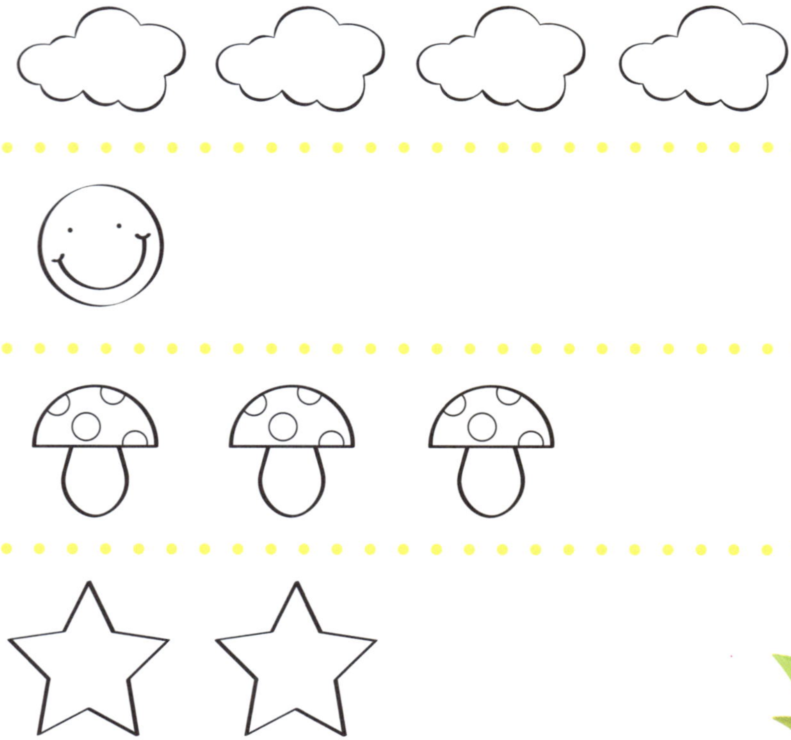

Übe hier die Zahl 5.

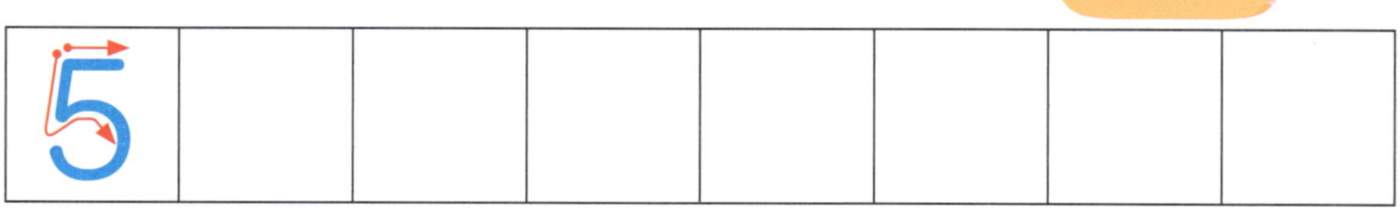

Das „S“

S

Welche Dinge beginnen mit dem Buchstaben S? Trage ihn ein. Kannst du auch die anderen Anfangsbuchstaben eintragen?

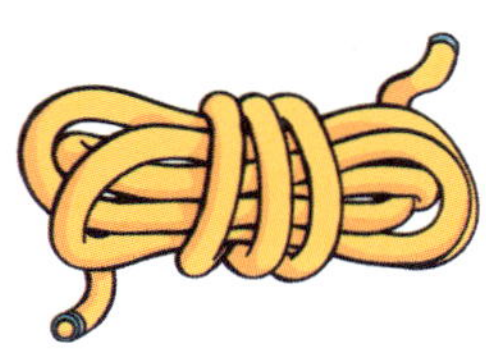

Übe hier den Buchstaben S.

S

Schwungübung: Kreise

Fülle die Beutel mit Murmeln. Male so viele hinein, wie du kannst.

Schwungübung

Auf der Weide stehen viele Schafe. Male sie fertig.

5 Finger hat die Hand

Lege deine Hand auf diese Seite und umfahre alle fünf Finger mit einem Bleistift. Zeichne weitere Hände auf das Papier, die Hände und Finger dürfen sich dabei ruhig überschneiden. Ist die Seite gut gefüllt, malst du die Hände unterschiedlich farbig aus. Wie verändert sich die Farbe dort, wo sich zwei oder mehr Farben überlagern?

Gefällt dir dein Bild? Dann trenne es aus dem Heft, nachdem die Aufgaben auf der Rückseite gelöst hast und rahme es ein.

Reihen erkennen

Ordne in jeder Reihe die Gegenstände nach ihrer Größe.
Beginne mit der 1 für den kleinsten Gegenstand.
Schreibe die Zahl in die Kästchen.

Zickzack

Ziehe die gezackten Zähne
der Tiefseefische nach.

Hier stecken diese Buchstaben drin „M V N Z“

Schwungübung

Ziehe die Zickzackmuster auf diesem Teppich in bunten Farben nach.

IM ZOO UND ANDERSWO

Dieses Spiel kannst du zusammen mit Freunden, Geschwistern und Eltern überall spielen: im Auto, im Zug, beim Warten auf den Bus oder einfach, wenn dir langweilig ist. Du brauchst mindestens einen Mitspieler.

Einigt euch auf einen Ort. Das kann der Zoo, der Keller oder ein Kaufhaus sein. Dann nennt ihr abwechselnd etwas, was es dort gibt. Das kann ein Gegenstand oder ein Lebewesen sein. Jeder Begriff darf nur einmal vorkommen. Sieger ist, wem am meisten Begriffe einfallen.

5 Fehler

In das untere Bild haben sich 5 Fehler eingeschlichen.
Findest du sie? Kreise sie ein.

Kannst Du schon die Zahlen von 1 bis 5 schreiben?
Vervollständige die Zahlenreihen.

1	2	3	4	

5		3		

Zählen

Welche Augenzahl ergeben die Würfel?

Zähle zusammen und trage das Ergebnis ein.

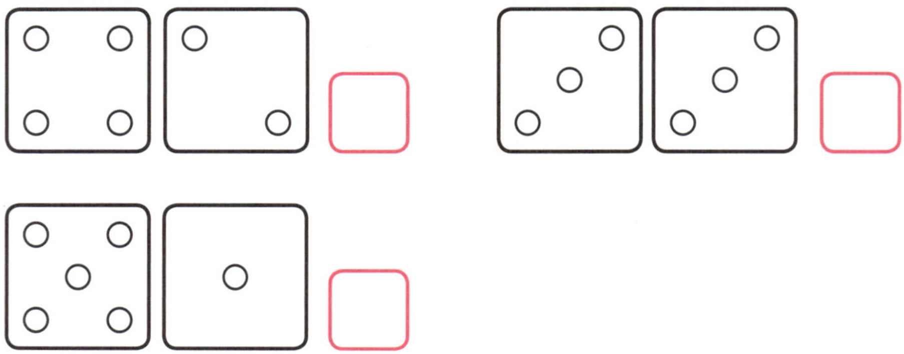

Zähle die Blüttenblätter der Blumen. Wie viele sind es?

Male auch den anderen Blumen die gleiche Anzahl Blütenblätter.

Siebenpunkt

Marienkäfer haben Punkte auf ihren Flügeldeckeln. Ein weit verbreiteter Marienkäfer ist der Siebenpunkt. Er heißt so, weil sieben schwarze Punkte auf den roten Flügeldecken zu sehen sind. Kannst du sie malen?

Schwungübung

Es schneit! Kannst du schon die Schneeflocken nachzeichnen?

3 Dinge einkreisen

Hier ist einiges los! Welche Dinge siehst du dreimal? Kreise ein.

Das „E“

Welches Tier versteckt sich hier?

Male alle Felder mit dem Buchstaben E aus.

Hast du das Tier erkannt?

Trage den Anfangsbuchstaben ein:

Übe hier den Buchstaben E.

Das „E“

Unterstreiche alle E:

EIMER

ENTE

ERDBEERE

EULE

ESEL

Mathe

Zählen

Wie viele Eier fehlen in jedem Karton? Male die entsprechende Anzahl aus und schreibe die Zahl in das Kästchen.

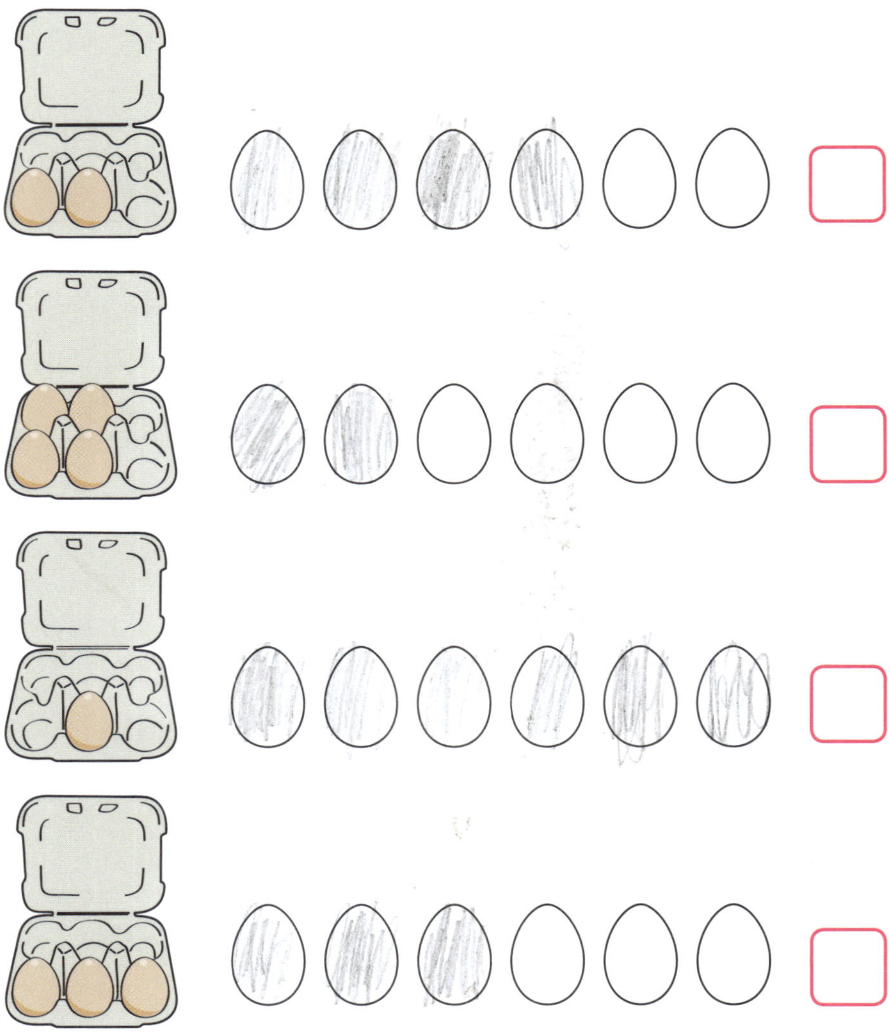

Wie viele Eier passen insgesamt in einen Karton? Trage die Anzahl in das Kästchen ein.

Zählen

Welche Augenzahl ergeben die Würfel?
Zähle zusammen und trage das
Ergebnis ein.

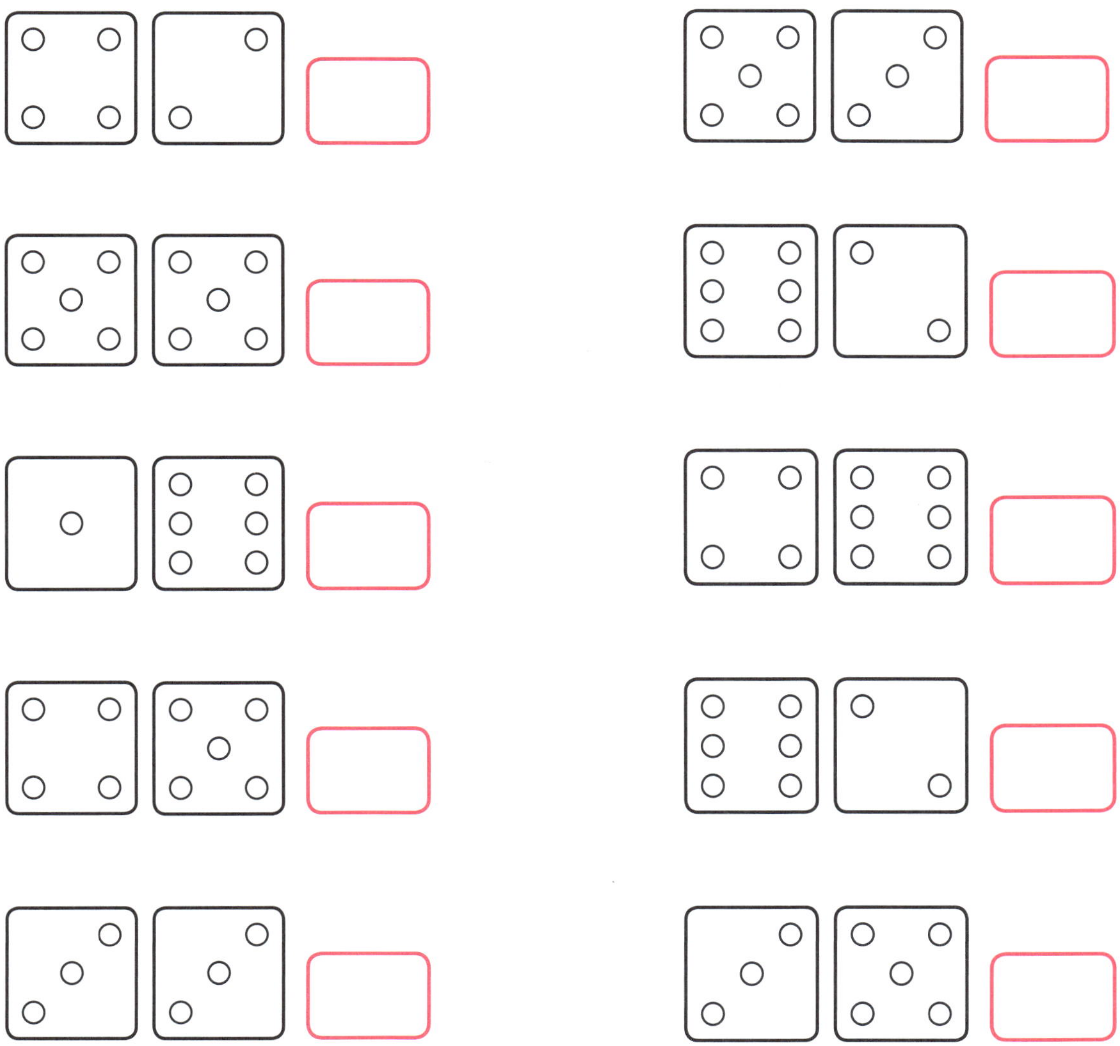

KRESSE AUSSÄEN

Kresse ist lecker und wächst schnell. Du kannst sie ganz leicht selbst aus Samen ziehen. Wenn du damit acht bis zehn Tage vor Schulbeginn startest, kannst du dein Pausenschulbrot damit belegen.

DU BRAUCHST:

- zwei Blätter Küchenpapier
- einen kleinen Teller
- Wasser
- ein Tütchen Kressesamen

SO GEHT'S:

1. Falte das Küchenpapier ein paarmal, bis du eine dicke Lage hast.
2. Lege das Papier auf den Teller und feuchte es mit Wasser an. Es soll gut nass sein, aber nicht schwimmen.
3. Streue die Kressesamen auf das feuchte Papier.
4. Stelle den Teller an einen hellen, warmen Ort und achte darauf, dass das Papier immer feucht bleibt.
5. Warte ein paar Tage. Dann zeigen sich die ersten grünen Spitzen und kurz darauf kannst du deine Kresse ernten. Sie schmeckt lecker auf einem Butterbrot oder zu Quark.

Selbstgemachte Zitronen-Limonade

Wenn es draußen so richtig heiß ist, erfrischt eine Zitronen-Limonade richtig gut. Am besten schmeckt sie selbstgemacht. Probiere es aus, das ist ganz leicht. Wenn du sie dann deinen Freunden und Freundinnen servierst, kommt Urlaubsstimmung auf.

Du brauchst:

- 200 Gramm Zucker
- einen halben Liter Wasser
- 200 Milliliter Zitronensaft
- 1 Liter Mineralwasser
- ein paar Blätter frische Minze
- Scheiben einer Zitrone
- Eiswürfel

Und so geht es:

1. Gib den Zucker zusammen mit dem Wasser in einen Topf. Lass die Mischung aufkochen und rühre dabei um, so dass sich der Zucker auflöst. **Am Herd sollte dir unbedingt ein Erwachsener helfen!**
2. Lass die Zucker-Mischung abkühlen, rühre dann den Zitronensaft ein und fülle mit dem Mineralwasser auf.
3. Für die Deko schneidest du für jedes Glas eine Zitronenscheibe und gibst sie zusammen mit einem Blättchen Minze ins Glas. Serviere deine Limo eisgekühlt mit ein paar Eiswürfeln. Lecker!

Das „P“

P

Trage die Anfangsbuchstaben ein.

Übe hier den Buchstaben P.

P

Ausmalen

Male alle Felder mit einem Punkt farbig aus. Was erkennst du?

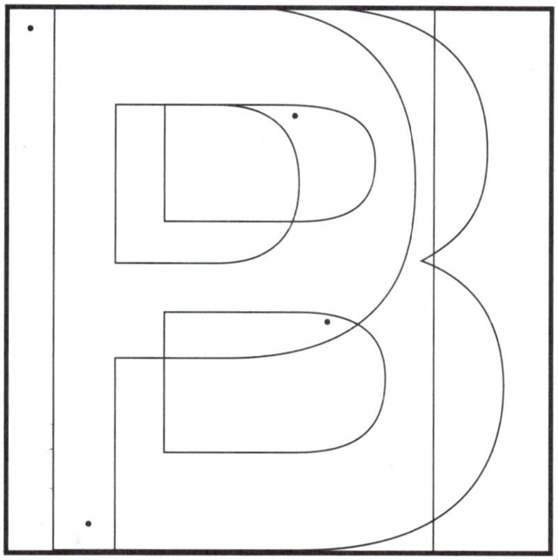

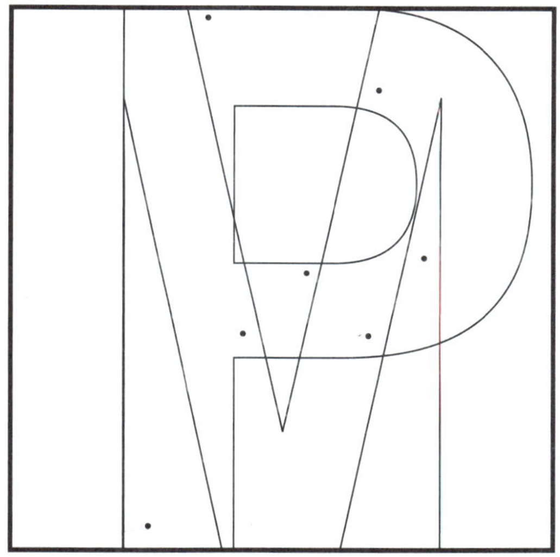

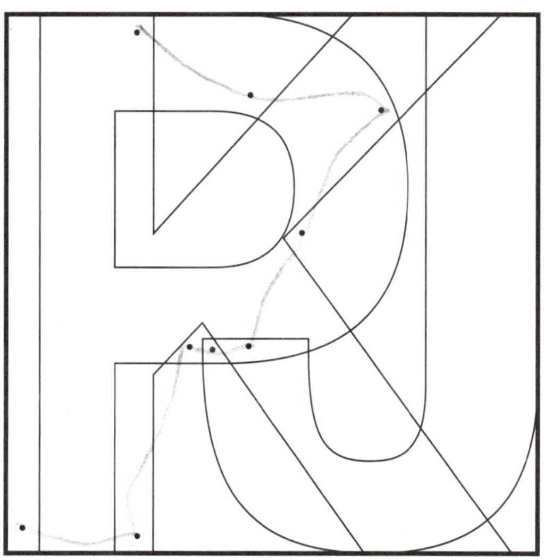

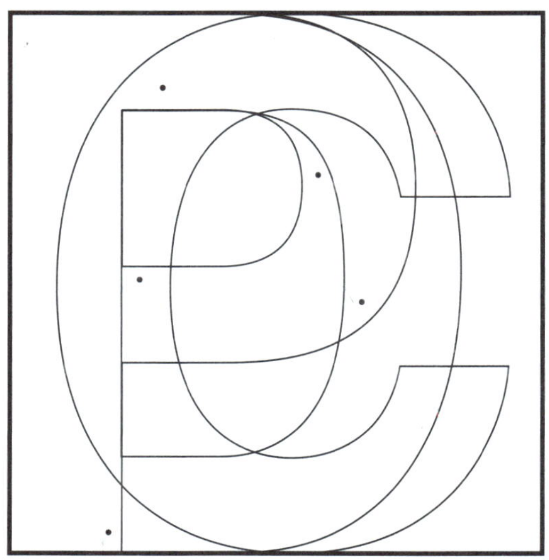

Das „Q“

Q

Ziehe die gepunkteten Linien nach und zeichne den Ballons „Schwänzchen“. So übst du das Q.

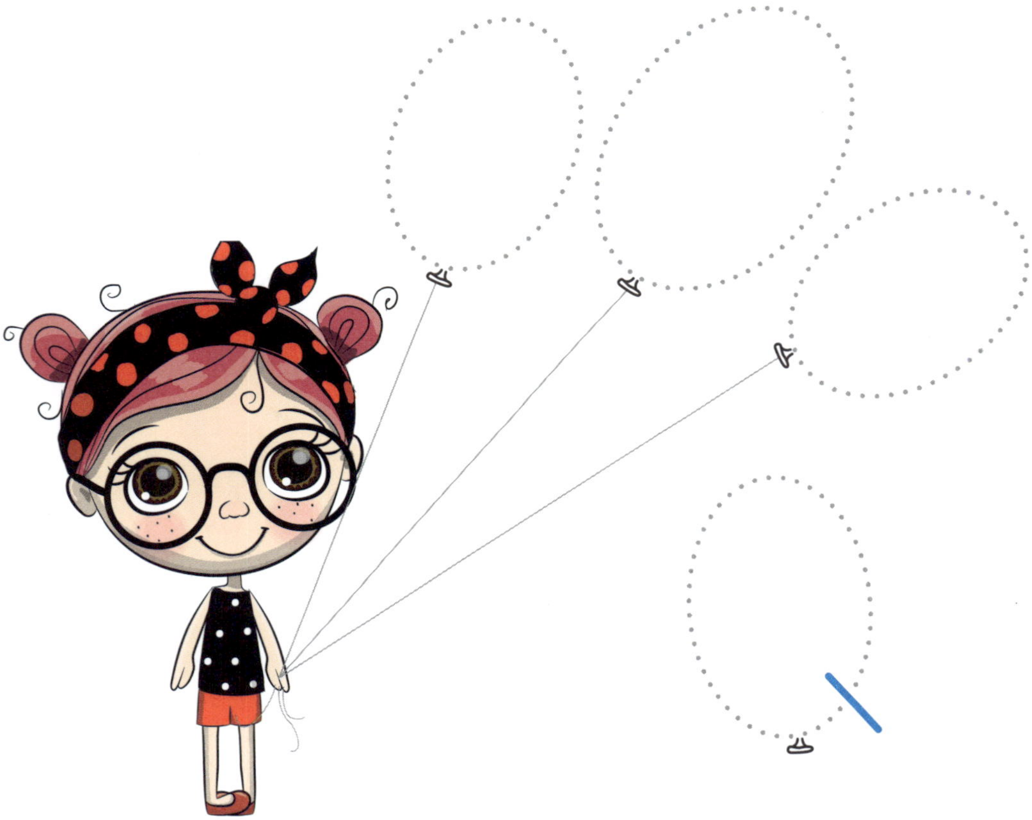

Übe hier den Buchstaben Q.

Q

Waldspaziergang

Mache mit deinen Eltern einen Ausflug in den Wald und nimm dazu diese Seite mit. Schau dir die Blätter der Bäume an. Findest du welche, die aussehen wie diese hier? Weißt du, wie der Baum heißt, zu dem sie gehören? Klebe deine Blätter auf ein Blatt Papier und dekoriere dein Zimmer damit.

Zahlen ergänzen

8

Die Zahlen bis 8.

Ergänze die Zahlenreihen.

1		3			6
3					8
6		4			1
8			5		3

Übe hier die Zahl 8.

8							

Zählen

Welche beiden Tiere haben 8 Arme oder Beine?

Kreise sie ein.

Das „K“

Wo hat sich das Lernmonster versteckt?

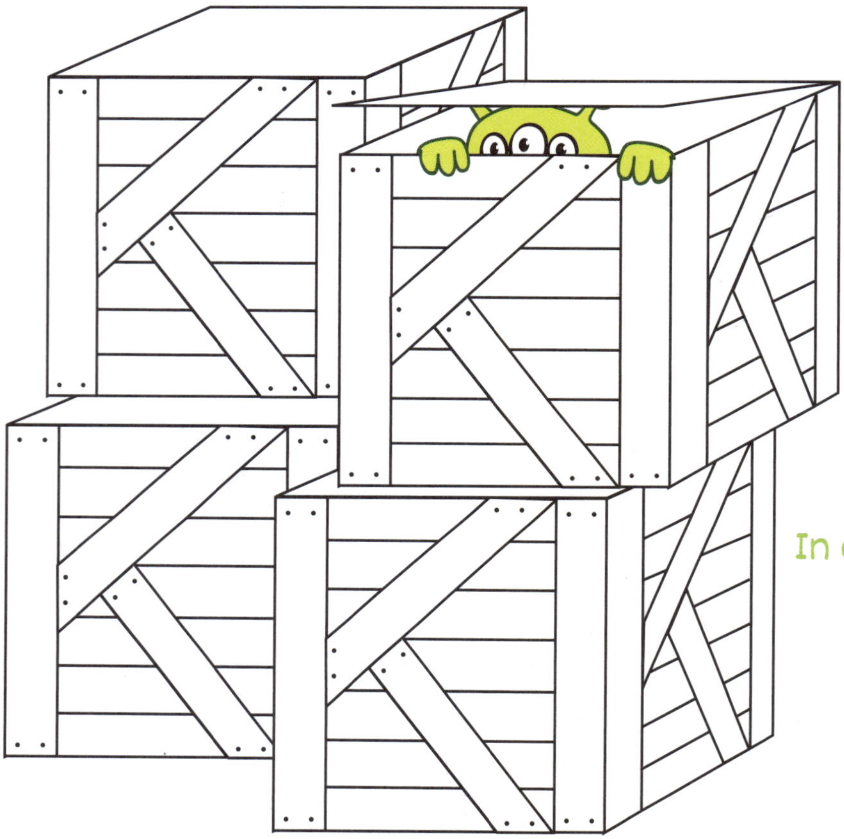

In einer ☐ ISTE

Auf jede Kiste ist der Buchstabe K genagelt. Male alle K aus.

Übe hier den Buchstaben K.

Zählen

Wie viel ist von jedem Gemüse zu sehen? Folge jeder Linie und trage das Ergebnis in das richtige Kästchen ein.

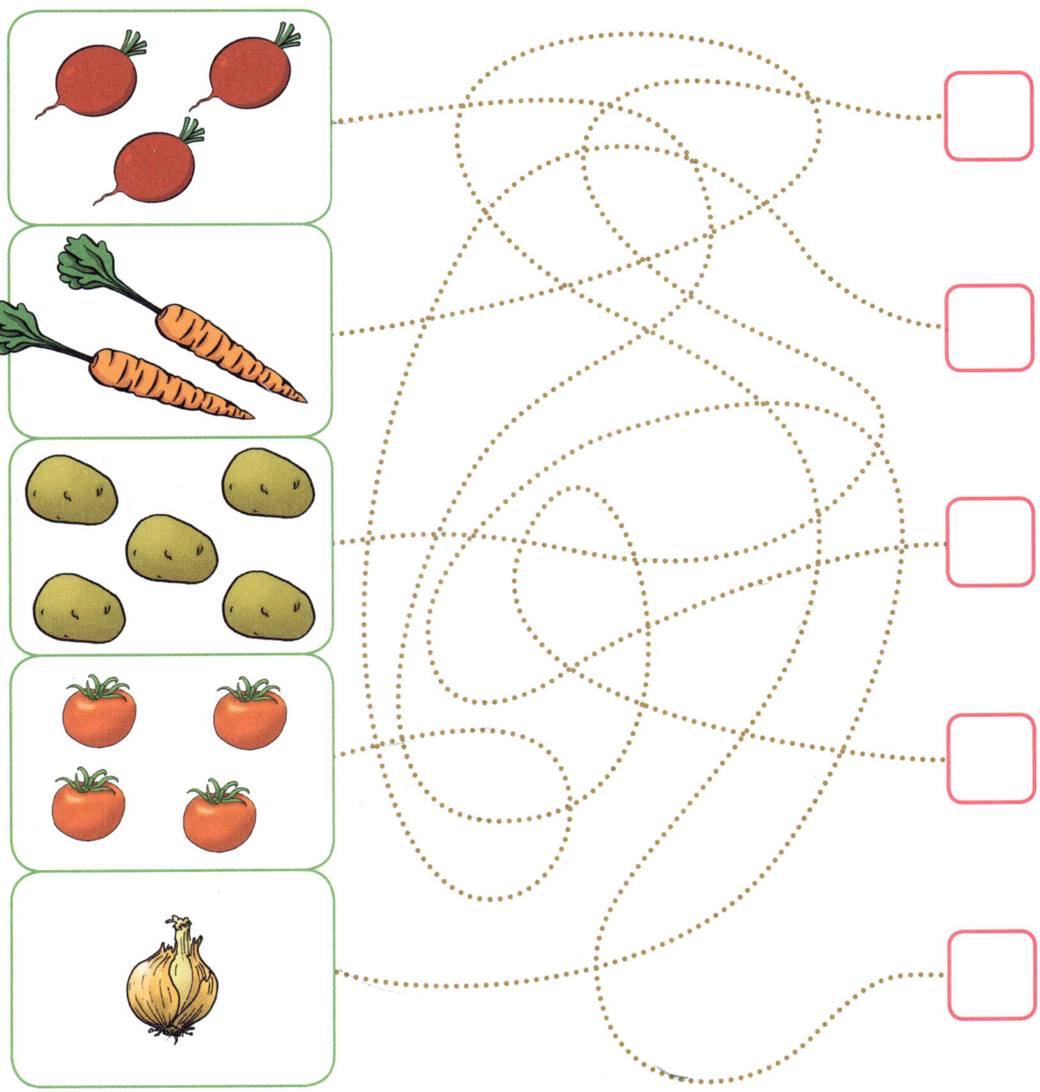

Zahlen anmalen

Male alle gleichen Zahlen mit der gleichen Farbe an.
Jede **5** zum Beispiel **blau** und alle **7** beispielsweise **gelb**.

Zahlen schreiben

Zähle von 1 bis 9 und trage die fehlenden Zahlen in die Kästchen ein.

So geht's:

1 →	2	3
4 →	5	6
7 →	8	9

Spalten von oben nach unten:

↓ 1	↓ 4	↓
2		8
3		

Rechts im Kreis:

1 →		3 ↓
8 →		4
↑	6	5

Nach unten im Kreis:

↓ 1	↓	← 7
2	9	
3 →		5 ↑

Rückwärts in der Reihe:

9 →	8	7
6 →		
→	2	

Rückwärts im Kreis:

9 →	8	↓
→ 2		6
↑	4	←

Mathe

Zahlen erkennen

Male die Luftballons mit der Ziffer 6 rot, 7 orange, 8 blau, 9 grün und 10 lila aus. Zähle die jeweilige Anzahl und trage sie unten ein.

6 ☐ 7 ☐ 8 ☐ 9 ☐ 10 ☐

Zählen

Zähle die Dinge in jedem Bild.
Kreise die jeweils richtige Zahl ein.

3 7 2 9 10

5 9 3 7 6

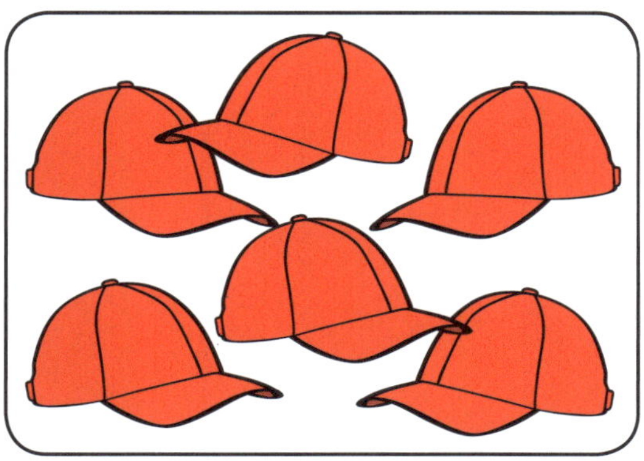

3 7 2 9 6

10 9 8 7 6

MEINE POSTKARTE AN ...

Sende eine Postkarte an einen Freund oder die Großeltern. Schreibe und male, was du so machst und erlebst. Bei der Adresse helfen dir sicher deine Eltern. Schneide die Karte aus und klebe auf die Rückseite ein weißes Blatt Papier. Diese Seite kannst du auch noch bemalen. Klebe eine Marke auf und ab geht die Post...

Buchstaben lernen

Hier lernst du weitere Buchstaben.

Ziehe die gepunkteten Linien nach und fülle die Zeilen.

B B

B

C C

C

D D

D

Zahlen erkennen

In diesem Bild sind viele Ziffern versteckt.

Male jede 7 farbig aus.

Übe hier die Zahl 7.

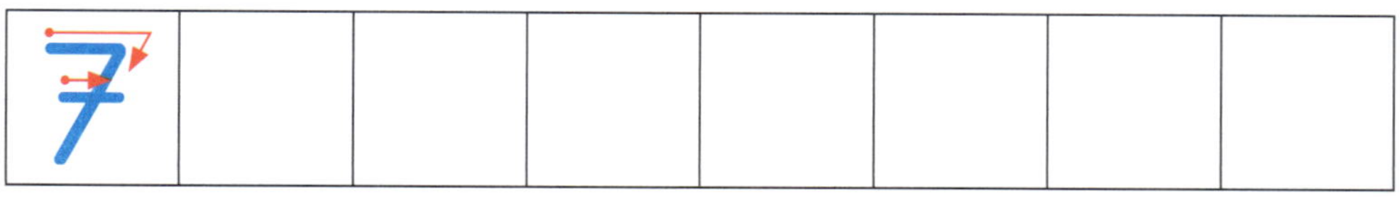

Abzählreime

Auslosen

Zum Auslosen, wer ein Spiel beginnen darf, gibt es verschiedene Abzählreime. Dies sind einige davon:

Eine kleine Mickymaus
zog sich mal die Hosen aus,
zog sie wieder an,
und du bist dran!

Eichen, Buchen, Tannen,
du musst fangen.
Eichen, Tannen, Buchen,
du musst suchen!

Ene mele mink mank
pink pank
use buse ackadeia
eia weia weg

Ich und du
Müllers Kuh,
Müllers Esel
das bist du!

Das ist der Daumen

Für dieses Fingerspiel brauchst du die fünf Finger deiner Hand. Passend zu jeder Zeile streckst du nacheinander die Finger in die Höhe oder wackelst mit ihnen. Los geht`s:

Das ist der **Daumen**,
der schüttelt die Pflaumen,
der hebt sie auf,
der trägt sie nach Haus
und **der Kleine** isst sie alle auf.

Buchstaben lernen

Hier lernst du weitere Buchstaben.

Ziehe die gepunkteten Linien nach und fülle die Zeilen.

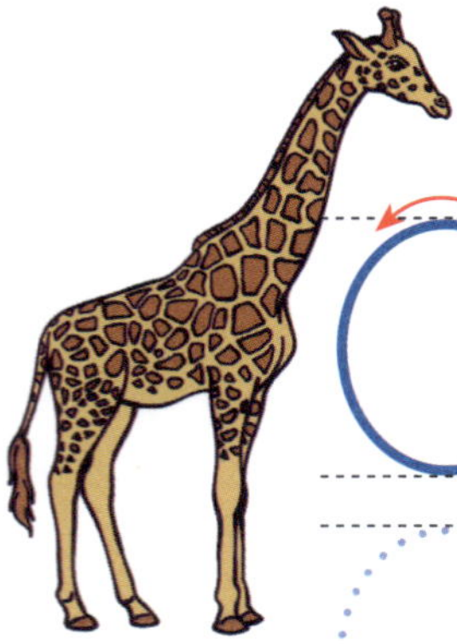

G

J

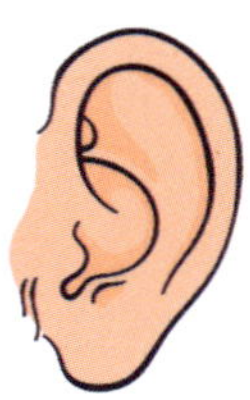

O

Weitere Buchstaben lernen

Ziehe die gepunkteten Linien nach
und fülle die Zeilen.

P P

P

Q Q

Q

R R

R

Was krabbelt in der Wiese?

In der Wiese ist meist ganz schön was los! Im Gras und auf dem Boden krabbeln an einem warmen sonnigen Tag jede Menge kleine Tiere. Käfer und Würmer sind ebenso darunter wie Schnecken und Spinnen. Finde heraus, welche Tierchen dort leben.

- Lege dich auf den Boden und beobachte das kleine Stück Wiese vor dir. Wie viele Tiere kannst du sehen? Zähle.
- Kennst du welche davon? Wie heißen sie?
- Untersuche das Wiesenstück mit einer Lupe. Erkennst du jetzt noch mehr Tiere?

Vielleicht möchtest du die Tiere, die du siehst, zeichnen. In den Kreisen ist Platz dafür.

Zählen

Zähle die Marienkäfer mit der jeweils gleichen Punktezahl auf dem Rücken und trage die Anzahl unten ein.

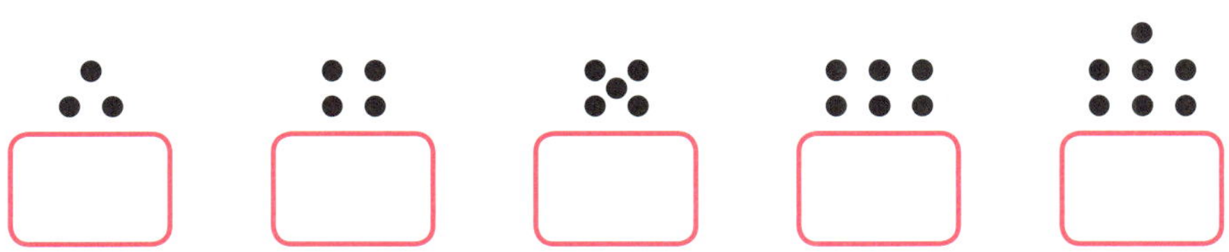

Eine Seefahrt, die ist lustig ...

Hast du Lust auf eine Seereise? Dann falte dir ein Schiff aus Papier. Du kannst es mit zu einem See oder Fluss in deiner Nähe nehmen und dort schwimmen lassen oder es in der Badewanne zu Wasser lassen. Ahoi!

Lass dir von einem Erwachsenen den Text für die Anleitung vorlesen.

So gehst du vor:

1. Nimm ein Blatt DIN-A4-Papier und lege es hochkant auf den Tisch.
2. Falte die obere Hälfte des Papiers auf die untere.

3. Halbiere das Papier, indem du die linke Seite auf die rechte faltest. Wieder auffalten. Nun hast du eine sichtbare Mittellinie, an der du dich orientieren kannst. Falte die rechte obere Ecke auf die Mittellinie. Das gleiche machst du mit der linken oberen Ecke.

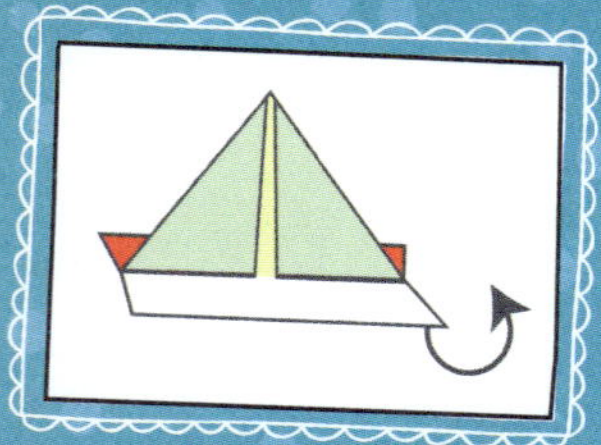

4. Knicke die unteren Seiten des Papiers an der Kante nach oben. Drehe das Papier um und knicke auch die andere Seite hoch.

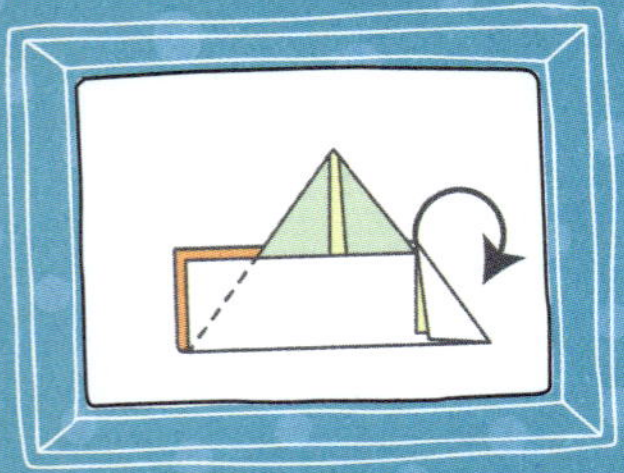

5. Schlage die überstehenden Ecken auf die andere Seite um.

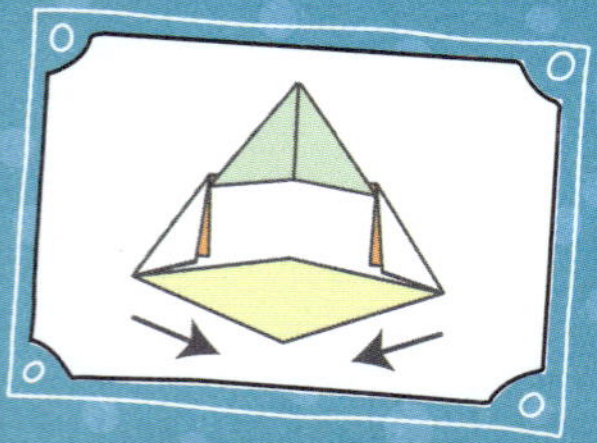

6. Falte das Papier so auf, dass eine Art Hut entsteht.

7. Drehe das Papier ein Stück nach rechts, so dass die spitze Seite zu dir zeigt.

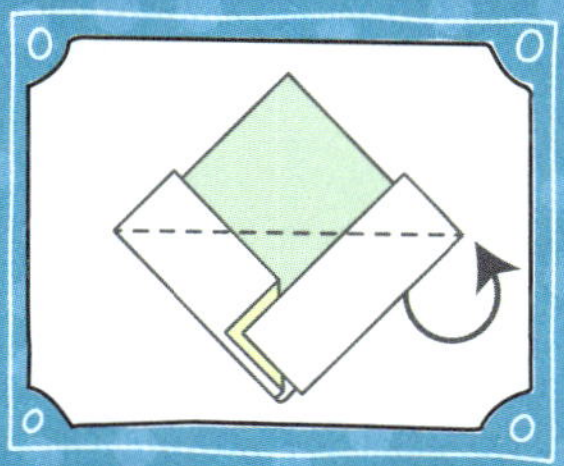

8. Drücke es dann wieder plan.

9. Falte die untere Ecke auf beiden Seiten auf die obere.

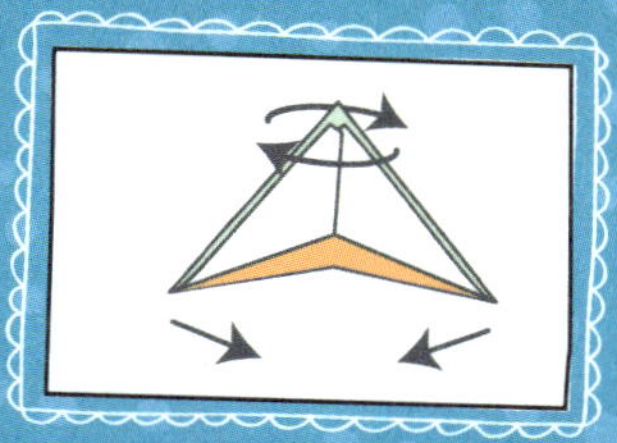

10. Öffne das Papier wieder leicht an der Unterseite, drehe es nach rechts und drücke es wieder plan.

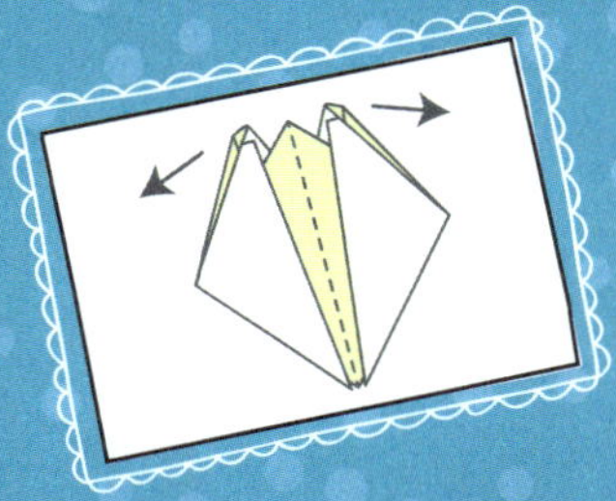

11. Ziehe die oberen Spitzen nach außen auf und das Boot kommt heraus.

Abzählen

Streiche so viele Dinge weg, dass die Anzahl, die am Anfang jeder Reihe steht, übrig bleibt.

4 

3 

2 

5 

9 

6 

7 

10 

Eine runde Sache - ein Bild stempeln

Viele Dinge sind rund oder sehen so aus. Bälle, Kugelfische, Lutscher und die Sonne gehören zum Beispiel dazu. Hast du Lust, ein Bild mit lauter runden Gegenständen, Tieren und Pflanzen zu stempeln und zu malen?

Du brauchst dafür:

- ⇨ einen Flaschenkorken
- ⇨ ein Blatt Papier
- ⇨ einen Tuschkasten
- ⇨ einen Pinsel
- ⇨ etwas Wasser
- ⇨ einen Stift

Und so geht es:

- Mische mit dem Pinsel und etwas Wasser deine Lieblingsfarben im Tuschkasten an.
- Streiche die Farbe auf eine Seite des Korkens.
- Drücke den Korken auf das Papier. Stemple so viele Kreise wie du möchtest. Du kannst zwischendurch auch die Farbe wechseln.
- Lass das Papier mit den Stempelkreisen trocknen.
- Zeichne mit dem Stift Gesichter, einen Lollistiel, eine Schwanzflosse, eine Schnur und was dir sonst noch einfällt an und in die Kreise.

Weitere Buchstaben

Übe noch diese Buchstaben, dann hast du fast das ganze ABC geschafft!

S

U

Das „M“

Verbinde die Buchstaben von A bis M. Was siehst du?

Trage den ersten Buchstaben ein.

☐ÖWE

Übe hier den Buchstaben M.

M

Verbinden

Wie viel ist jeweils zu sehen?

Verbinde jede Ziffer mit dem richtigen Bild.

4

2

3

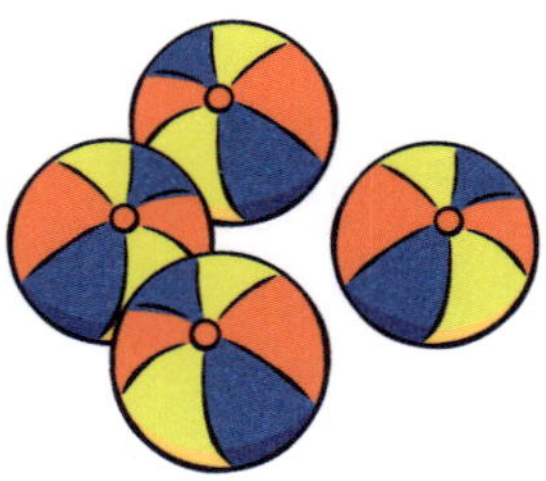

6

5

7

Zählen

Wie viele Dinge sind in jeder Reihe zu sehen?
Trage die Anzahl in die Kästchen ein.

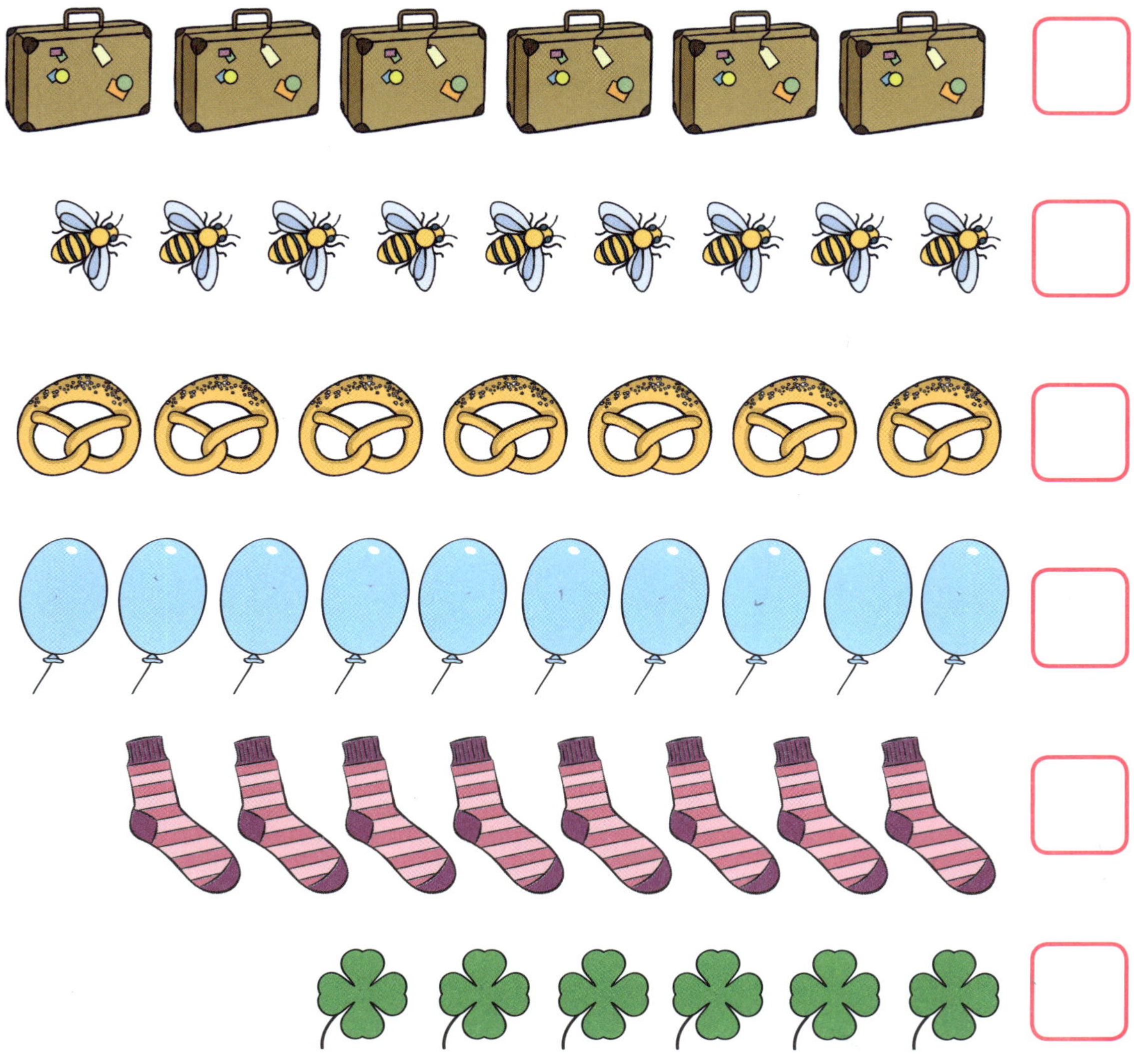

Zungenbrecher

Zungenbrecher nennt man Sätze, die schwierig auszusprechen sind. Probiere es selbst aus. Bitte deine Eltern oder ältere Geschwister, dir die Sätze vorzulesen. Sprich sie nach. Schaffst du es fehlerfrei?

Es klapperte die Klapperschlang,
bis ihre Klapper schlapper klang.

Acht alte Ameisen
aßen am Abend Ananas.

Auf den sieben Robbenklippen
sitzen sieben Robbensippen,
die sich in die Rippen stippen,
bis sie von den Klippen kippen.

Der Flugplatzspatz
nahm auf dem Flugplatz Platz.
Auf dem Flugplatz
nahm der Flugplatzspatz Platz.

Esel essen Nesseln nicht,
Nesseln essen Esel nicht.

Es lagen zwei zischende Schlangen
zwischen zwei spitzen Steinen
und zischten dazwischen.

Fischers Fritze fischte frische Fische.
Frische Fische fischte Fischers Fritze.

Fünf Ferkel fressen frisches Futter.

Nachbars Hund heißt Kunterbunt.
Kunterbunt heißt Nachbars Hund.

Ordnen

In den Löchern der Käsestücke stecken Zahlen. Schreibe sie jeweils in der richtigen Reihenfolge darunter. In welchen Käsestücken stecken die gleichen Zahlen? Male diese Stücke gelb aus.

___ ___ ___ ___ ___

___ ___ ___ ___ ___

___ ___ ___ ___ ___

___ ___ ___ ___ ___

___ ___ ___ ___ ___

Das "U"

Der Magnet zieht ganz viele Buchstaben an. Schreibe alle, die du schon kennst, in das Feld.

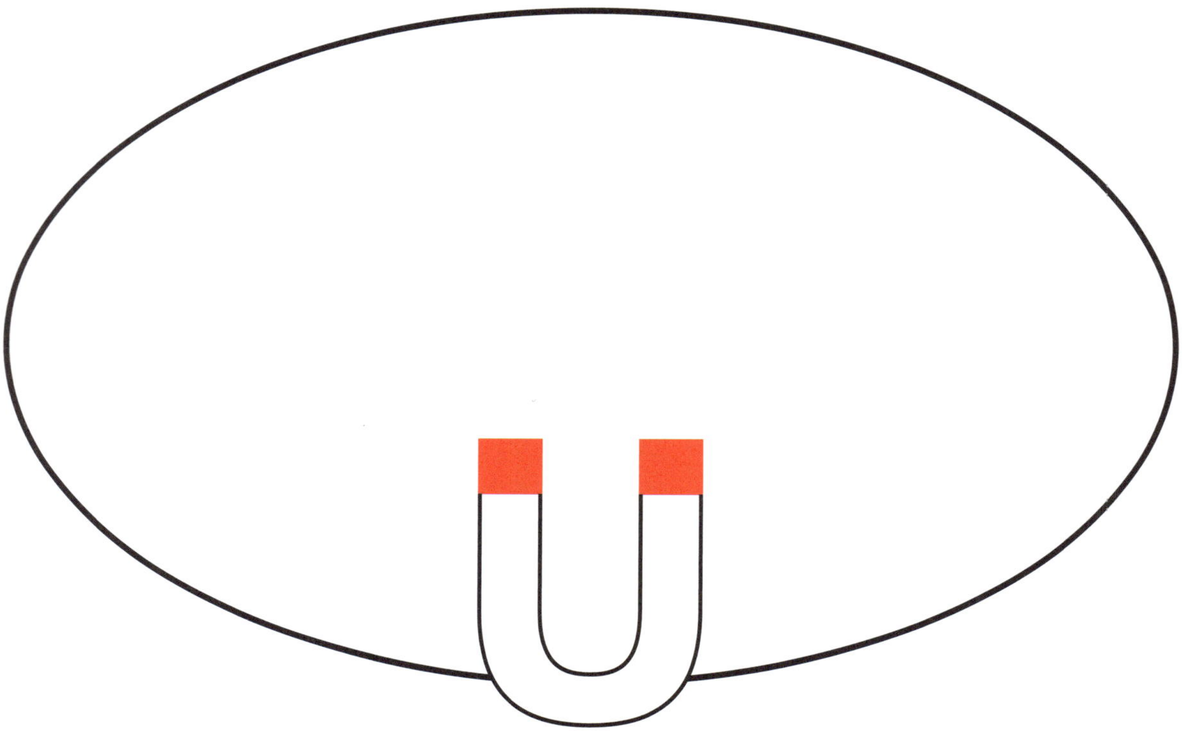

Übe hier den Buchstaben U.

U

Jetzt wird gespielt!

Knöpfe schnipsen

Dieses Spiel kannst du alleine oder zu zweit spielen. Alles, was du dafür brauchst, sind eine Handvoll Knöpfe und eine flache Schüssel.

Stelle die Schüssel auf eine harte Unterlage, zum Beispiel auf den Holzfußboden oder auf einen Tisch. Lege die Startlinie fest. Ein Abstand von ungefähr 50 Zentimeter zur Schüssel ist günstig.

Anstelle von Knöpfen kannst du auch Plastikchips oder Münzen benutzen.

Schnipse nun so viele Knöpfe wie möglich in die Schüssel. Dazu drückst du mit einem größeren Knopf auf die Kante eines kleineren. Schnips! Wenn ihr zu zweit spielt, könnt ihr abwechselnd oder nacheinander spielen. Für jeden Knopf in der Schüssel gibt es einen Punkt. Wer gewinnt?

Mathe

Ergänzen

Schreibe die fehlenden Zahlen auf die Ziegelsteine.

1	
2	3

4	
	6

	9

4	

8	

	6

5	

	10

Mein Ferientagebuch

In den Ferien kann man sich mit Freunden treffen, draußen spielen, Sport treiben und verschiedene Veranstaltungen besuchen. Was hast du schon gemacht? Kreuze an!

Das habe ich in den Ferien schon gemacht:

- [ ] Theater spielen
- [ ] Zirkusbesuch
- [ ] Kinobesuch
- [ ] fernsehen
- [ ] Fußball spielen
- [ ] Musik machen
- [ ] malen
- [ ] Schwimmen
- [ ] Fahrrad fahren

Reihen

Vervollständige die Kästchen in den waagrechten und senkrechten Reihen. Beginne beim roten Pfeil.

Zählen

Welche Regenwürmer haben 10 Körperkreise?

Schreibe alle Zahlen von 1 bis 10 in die Kreise.

Weitere Buchstaben

Hier kannst du weitere Buchstaben üben.

Ziehe die gepunkteten Linien nach. Fülle die Zeilen.

A A

A

K K

K

M M

M

N N

N

V V

V

W W

W

Weitere Buchstaben

Übe noch diese Buchstaben,
dann hast du das ganze ABC geschafft!

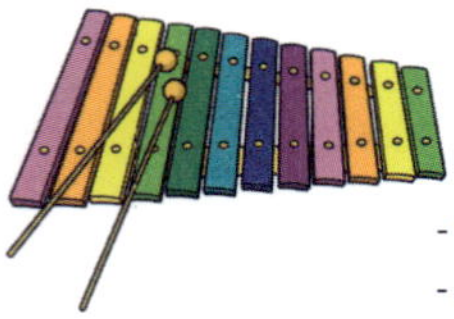

X

Y

Z

SIEGERSCHLEIFE

Super! Das hast du prima gemacht! Dafür gewinnst du die Siegerschleife. Schreibe gleich deinen Namen hinein, schneide sie aus und hänge sie auf.

Seite 5

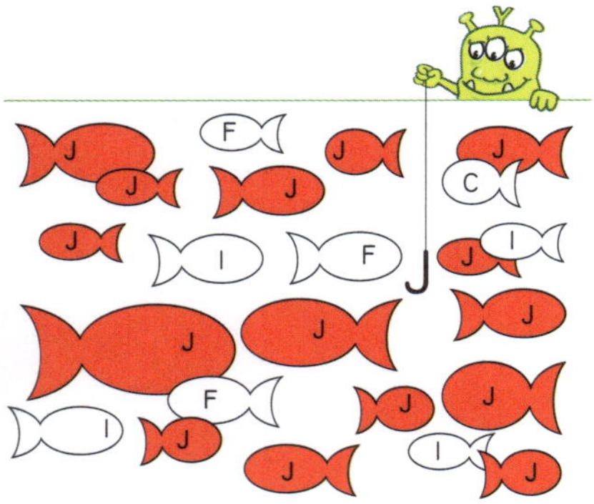

Seite 6

Seite 8

Seite12

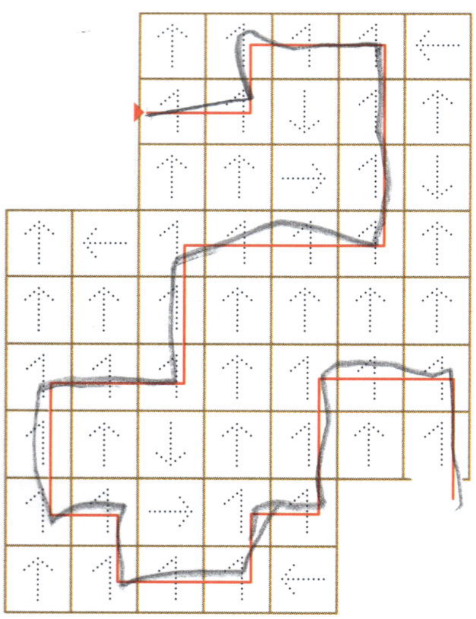

Seite 13

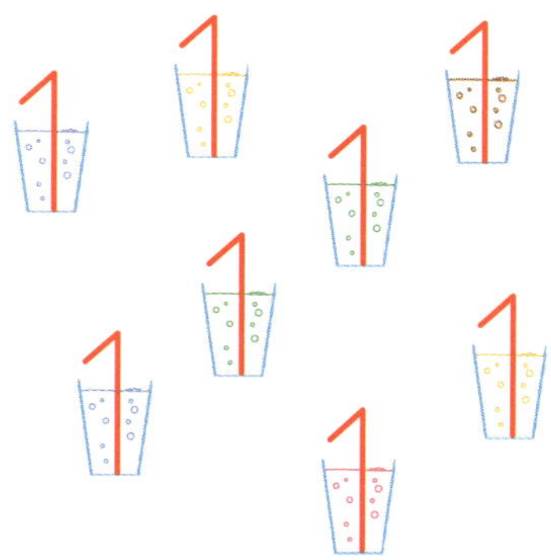

Seite 16

Seite 17

Seite 21

Seite 25

1	2	3	4	5

5	4	3	2	1

Seite 26

Seite 29

Seite 30

Lösung: Es ist ein Elefant.

Seite 31

Seite 32

Seite 33

Seite 36

Seite 37

Seite 38

Seite 40

1	2	3	4	5	6
3	4	5	6	7	8
6	5	4	3	2	1
8	7	6	5	4	3

Seite 41

Seite 42

Seite 43

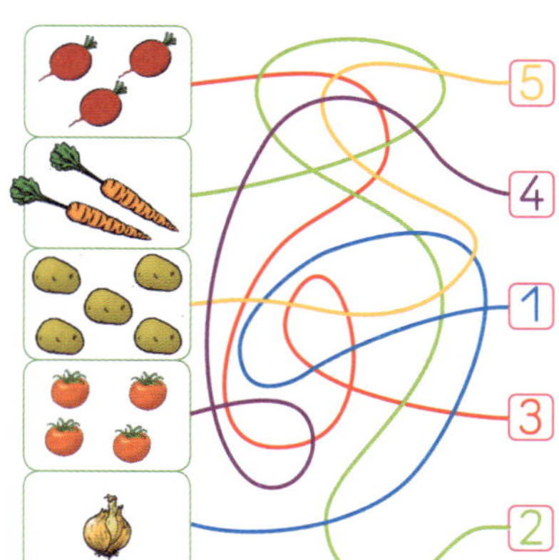

Seite 45

So geht's:

1	2	3
4	5	6
7	8	9

Spalten von oben nach unten:

↓1	↓4	↓7
2	5	8
3	6	9

Rechts im Kreis:

1	2	3↓
8	9	4
↑7	6	5

Nach unten im Kreis:

↓1	↓8	7
2	9	6
3	4	5↑

Rückwärts in der Reihe:

9	8	7
6	5	4
3	2	1

Rückwärts im Kreis:

9	8	7↓
2	1	6
↑3	4	5

Seite 46

Seite 55

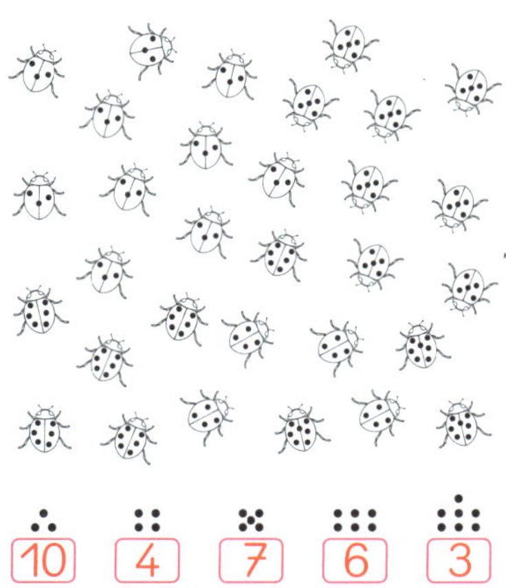

Seite 47

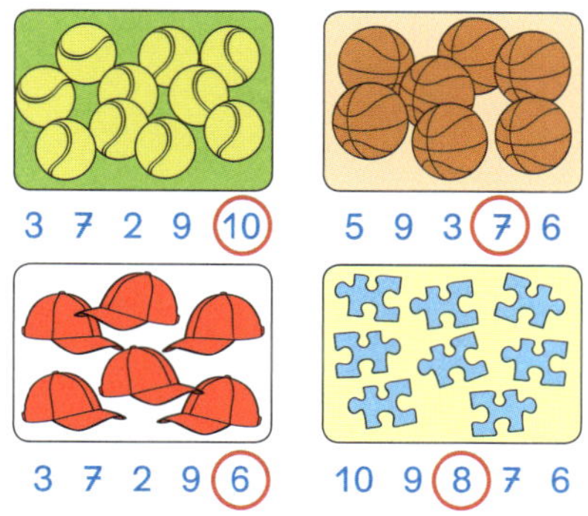

Seite 58

Seite 50

Seite 61

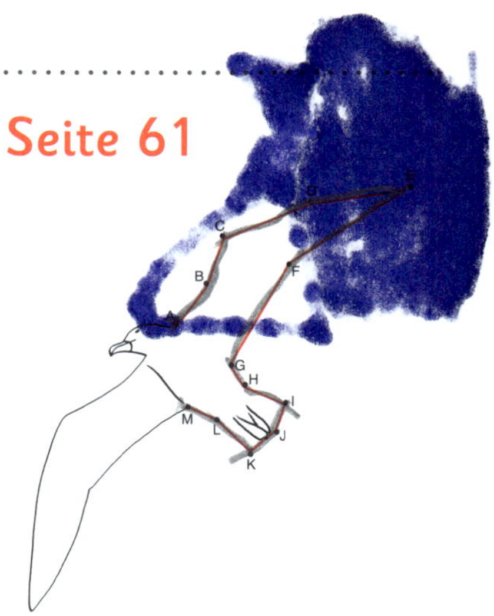

Seite 62

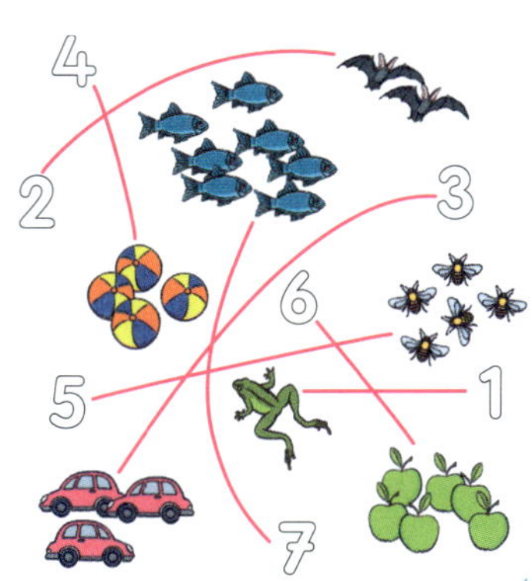

Lösung

Seite 63

Seite 65

Seite 66

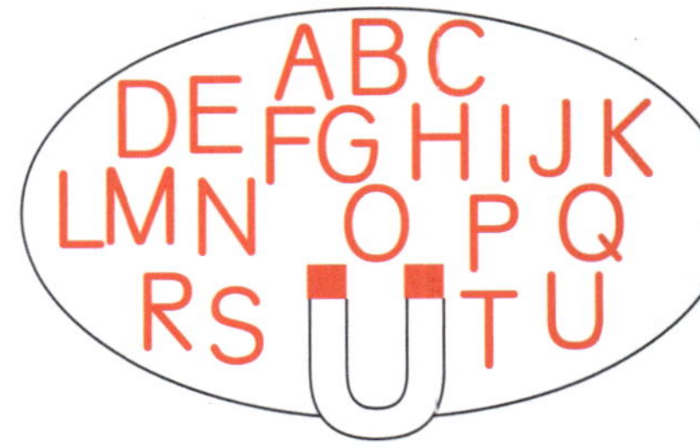

Seite 68

Seite 70

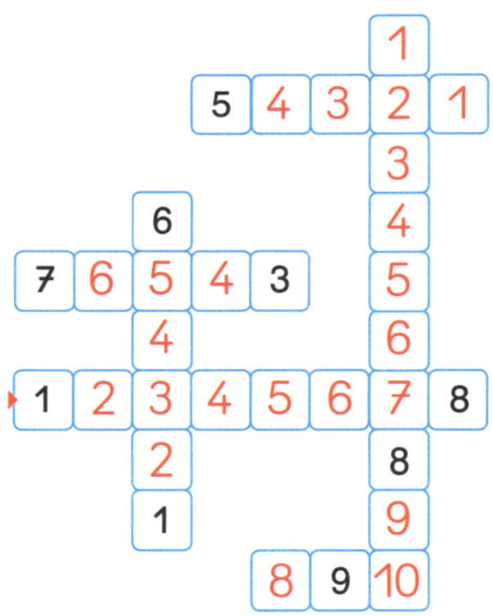

Seite 71